LETTRES PATENTES

DU ROI,

PORTANT réglement pour les Statuts du Corps des Marchands de Vin de la Ville & Fauxbourgs de Paris.

Données à Verfailles au mois de Septembre 1779.

Regiſtrées en Parlement le 7 Septembre 1780.

DE *l'exercice de* MM. JEAN-BAPTISTE LEFEVRE, JEAN-BAPTISTE-RENÉ DARIDAN, CLAUDE VÉE, PIERRE COMPEROT, LOUIS-JEAN LADOUBÉ, & DENIS-ETIENNE DEVILLE, *Gardes & Adjoints du Corps.*

A PARIS,

Chez P. G. SIMON, Imprimeur du Parlement, *rue Mignon Saint André-des-Arcs.*

M. DCC. LXXX.

LETTRES PATENTES
DU ROI,

PORTANT réglement pour les Statuts du Corps des Marchands de Vin.

Données à Verfailles au mois de Septembre mil fept cent foixante-dix-neuf.

Regiſtrées en Parlement le fept Septembre mil fept cent quatre-vingt.

LOUIS, par la grace de Dieu, Roi de France & de Navarre : A tous ceux qui ces préfentes Lettres verront ; SALUT. Les Marchands de Vin de notre bonne ville de Paris que nous avons réunis en Corps par notre Edit du mois d'Août 1776, ayant, en exécution de l'article XXXIX dudit Édit, procédé à la rédaction de nouveaux Statuts & Réglemens, tant pour maintenir le régime & la difcipline intérieure de leur Corps, que pour empêcher les mixtions & falfifications des vins infiniment nuifibles aux confommateurs, Nous avons fait examiner ledit projet en notre Confeil ; &, comme nous n'y avons rien trouvé qui ne fût conforme à nos intentions, Nous avons bien voulu les revêtir de notre autorité. A CES CAUSES & autres à ce Nous mouvans, de l'avis de notre Confeil, qui a vu lefdits Statuts, la délibération dudit Corps, en date du 11

A

Janvier 1779, enſemble de l'avis du Lieutenant Général de Police, & de notre Procureur au Châtelet, le tout attaché ſous le contre-ſcel des Préſentes, Nous avons leſdits Statuts & Réglemens, contenant vingt-huit articles, approuvé, ratifié & homologué, & par ces préſentes, ſignées de notre main, approuvons, ratifions & homologuons, voulons qu'ils ſoient exécutés de point en point ſelon leur forme & teneur, ainſi qu'il ſuit.

ARTICLE PREMIER.

LES Maîtres compoſant le Corps des Marchands de Vin, l'un des Six Corps de la ville de Paris, créé & rétabli par l'Edit du mois d'Août 1776, jouiront ſeuls, à l'excluſion de tous autres, du droit de vendre & débiter dans ladite ville & ſes fauxbourgs, tant en gros qu'en détail, toutes ſortes de vins françois; ils jouiront auſſi, concurremment avec les Marchands du Corps des Epiciers & les Maîtres de la Communauté des Limonadiers-Vinaigriers, excluſivement à tous autres, du droit de vendre & débiter des vins étrangers en gros & en détail, ſans néanmoins que les Marchands Epiciers puiſſent ſervir à boire leſdits vins étrangers chez eux, ni les débiter autrement qu'en bouteilles coëffées, de la continence d'une chopine au moins.

I I.

DÉFENSES ſont faites à toutes perſonnes ſans qualité, & notamment aux Suiſſes ou Portiers des hôtels ou maiſons, de s'immiſcer dans ledit commerce, ſous quelque prétexte que ce puiſſe être, même ſous celui d'aſſociation avec des Marchands dudit Corps, ſous peine de confiſcation des marchandiſes, vaiſſeaux & uſtenſiles ſervant audit commerce, de tels dommages-intérêts qu'il appartiendra, & de trois cens livres d'amende envers Nous.

I I I.

SERONT néanmoins exceptés deſdites défenſes les Maîtres de la Communauté des Traiteurs-Rôtiſſeurs-Pâtiſſiers, leſquels pourront tirer des Provinces, & même de l'Étranger, toutes fortes de vins pour les fervir aux perfonnes auxquelles ils donneront à manger chez eux, fans pouvoir les vendre ni débiter d'aucune autre maniere que dans les repas qui feront par eux faits & fournis dans le lieu de leur domicile, & ce fous les peines portées par l'article précédent.

I V.

SERONT pareillement exceptés les Bourgeois de Paris, lefquels continueront à jouir, comme par le paffé, du privilege de vendre les vins de leur crû & provenant des vignes à eux appartenantes, & qu'ils auront exploité ou fait exploiter pour leur compte feulement, en fe conformant par eux à ce qui a été prefcrit par les Ordonnances, Arrêts & Réglemens concernant lefdits privileges.

V.

LES Marchands de Vin ne pourront fervir aux particuliers, qui viendront chez eux pour y boire, aucun ragoût ni rôti ; comme auffi entreprendre, faire ni fournir chez eux ni ailleurs aucuns repas, noces ou feftins ; ils ne pourront pareillement acheter ni faire acheter, fi ce n'eft pour leur confommation, aucunes pieces de volailles ou gibier fur le carreau de la Vallée, ni entreprendre fur les droits de la Communauté des Traiteurs-Rôtiffeurs-Pâtiffiers, fous peine de confifcation des marchandifes, de tels dommages-intérêts qu'il appartiendra, & de cinquante livres d'amende.

V I.

POUR faciliter aux Marchands un prompt débit des vins qui commenceroient à foiblir dans leurs magafins, il leur fera permis d'établir une boutique ou cave en ville, outre celle de leur domicile, à la charge par eux d'en faire préalablement leur déclaration au Bureau du Corps, dont il leur fera délivré une expédition, & de payer annuellement aux Gardes & Adjoints dudit Corps la fomme de quarante-huit livres, dont les trois quarts au profit de Sa

Majefté , lefquels feront verfés par lefdits Gardes dans la caiffe des parties cafuelles ; & l'autre quart , déduction faite du cinquieme dudit quart qui fera attribué aux Gardes & Adjoints pour leurs honoraires , fera perçu au profit du Corps : les anciens Marchands du Corps fupprimé , qui n'auront pas acquitté , dans les délais prefcrits , les droits de confirmation & admiffion fixés par l'Edit d'Août 1776 , jouiront de la même faculté & aux mêmes conditions ; quant à ceux qui auront acquitté lefdits droits dans lefdits délais , ils ne feront tenus de payer pour ladite permiffion , comme ci-devant , que la fomme de vingt-quatre livres.

V I I.

LA déclaration d'ouverture de cave en ville contiendra la défignation du lieu où elle fera établie & le nom du Garçon qui fera prépofé par le Maître pour y conduire fon commerce , duquel Garçon il fera refponfable en cas de contravention ; lefdits Marchands feront tenus , fous peine d'être privés de ladite faculté de tenir une feconde cave , & de cent cinquante livres d'amende , de renouveller ladite déclaration à chaque changement de cave , ou de prépofé , laquelle fera infcrite fans frais.

V I I I.

DÉFENSES font faites aux Membres dudit Corps de céder à l'un de leurs Confreres , ou de tenir de lui à titre de location , ou autrement , aucune boutique ou cave en ville , fous peine de faifie & confifcation des marchandifes , & d'être déchus de la faculté de tenir une deuxieme boutique ou cave en ville ; les Marchands qui ne feront point réfidens à Paris feront fenfés , après fix mois d'abfence , à moins qu'ils ne juftifient d'une caufe légitime aux Gardes & Adjoints , ne plus faire de commerce pour leur compte , non-obftant tous actes de fociété qu'ils auroient fait avec d'autres Marchands ou procurations qu'ils leur auroient paffées , auquel cas ils feront tenus de faire fermer leur boutique ou cave en ville , fous peine de faifie & confifcation , & d'être déchus du droit de maîtrife.

I X.

Les Membres dudit Corps ne pourront tenir, vendre & débiter que des vins naturels, fains & non mixtionnés ; défenfes leur font faites d'avoir dans leurs caves & magafins, ni d'envoyer à la Halle ou à l'Etape aucuns vins gâtés, défectueux ou mêlangés de liqueurs ou matieres étrangeres, même d'avoir dans leurfdites caves & magafins aucunes liqueurs ou matieres fufceptibles d'être mêlangées avec le vin, & notamment de l'eau pure, en pieces, bouteilles ou autres vaiffeaux ; le tout fous peine de confifcation defdites marchandifes & de cinq cens livres d'amende, même de privation de leur état, en cas de récidive.

X.

Il leur eft pareillement fait défenfes, & fous les mêmes peines, d'avoir, dans leurs caves ou magafins, aucuns puits ou ouvertures communicantes à des puits ; comme auffi d'avoir aucune porte ou ouverture fervant de communication avec les caves de leurs voifins, notamment avec celles des Epiciers, Limonadiers-Vinaigriers, & autres faifant le commerce d'eau-de-vie, cidre, poiré & liqueurs pouvant être mêlangés avec le vin, & enfin d'avoir des caves & magafins dont l'entrée foit commune avec lefdits Epiciers & autres ci-deffus dénommés.

X I.

Les Marchands qui auront fubi quelque condamnation pour caufe de mixtion ou falfification dans leurs vins ou fraude dans leur commerce, feront privés de la faculté de tenir une cave en ville & tenus de fermer celle qu'ils pourroient avoir alors ; ils feront pareillement déchus du droit de parvenir aux charges de Gardes, Adjoints & Députés du Corps ; & s'ils fe trouvoient alors pourvus de l'une defdites charges, ils en feroient de plein droit deftitués.

X I I.

Les Marchands feront tenus d'avoir des mefures exactes &

conformes aux étalons & des bouteilles de continence pour la vente & le débit de leurs vins, fous peine de confifcation, de telle amende qu'il appartiendra, même d'être déchus de leur maîtrife en cas de récidive; il leur eft pareillement enjoint de tenir propres lefdites mefures & uftenfiles de leur commerce, tant au comptoir que dans les caves, fous peine de vingt livres d'amende.

X I I I.

Il eft fait défenfes, tant auxdits Marchands qu'aux Marchands forains, & autres faifant le commerce à la Halle & à l'Etape, d'aller au-devant des vins deftinés pour la provifion de Paris, & de les acheter en route ou dans les bateaux, fur les Ports & à l'Etape, pour les y revendre en regrat, fous peine de confifcation & de trois cens livres d'amende.

X I V.

Lorsqu'un Garçon fe fera recevoir Marchand, il ne pourra, qu'après le laps de trois années, s'établir à la proximité des boutiques ou caves en ville dans lefquelles il aura fervi dans le cours des trois années précédentes; l'éloignement qu'il fera tenu d'obferferver fera au moins de deux cens toifes en tout fens, à partir defdites boutiques ou caves en ville, en fuivant la direction des rues où elles feront établies, & de chacune des rues adjacentes ou voifines; il ne pourra pareillement prendre, en aucun tems, l'enfeigne des Marchands où il aura fervi.

X V.

Lorsqu'un Marchand aura cédé fa boutique ou cave en ville à l'un de fes confreres, & qu'il voudra continuer ou reprendre fon commerce, il ne pourra s'établir, avant la révolution de fix années, qu'à plus de quatre cens toifes d'éloignement de la boutique ou cave qu'il aura cédée.

X V I.

Il eft enjoint auxdits Marchands de faire au Bureau dudit Corps leur déclaration des ouvertures, fermetures & changemens de leur boutique, de domicile, cave en ville & magafins, dont il leur fera délivré une expédition fans frais ; défenfes leur font faites de contrevenir aux préfentes difpofitions, fous peine de cent livres d'amende.

X V I I.

LES Confuls, ainfi que les Confeillers au Confulat, qui feront pris, fuivant l'ufage, dans le Corps des Marchands de Vin, feront nommés par les Gardes, Adjoints & Députés du Corps, à la pluralité des voix, dans une affemblée qui fera tenue à cet effet : ne pourront être élus Confuls que ceux des Membres du Corps qui auront été Gardes depuis l'Edit du mois d'Août 1776, & ceux qui, ayant été en charge avant ledit Edit, ont acquitté le droit de confirmation & d'admiffion.

X V I I I.

LES Députés qui doivent repréfenter le Corps, aux termes des articles XVIII, XIX & XX de l'Edit du mois d'Août 1776, feront choifis dans l'affemblée générale qui fera tenue par le fieur Lieutenant Général de Police ou par le fieur Procureur de Sa Majefté au Châtelet, au jour qui fera par lui indiqué & en la forme prefcrite par ledit Edit ; lefdits Députés ne pourront néanmoins être élus, que parmi les Maîtres qui auront au moins dix années de réception, & qui jouiront d'une réputation intacte.

X I X.

LES affaires du Corps feront régies & adminiftrées par quatre Gardes & deux Adjoints, lefquels exerceront conjointement leurs fonctions pendant trois années confécutives ; la premiere en qualité d'Adjoint, & les deux autres années en qualité de Gardes ; de forte qu'il ne fera nommé chaque année que deux Adjoints pour remplacer les deux Gardes fortant d'exercice.

X X.

LES Gardes & Adjoints feront tenus de fe trouver les Mardis

& Vendredis de chaque femaine , de relevée , au Bureau du Corps
pour expédier les affaires courantes ; quant à celles qui exigeront
qu'il en foit délibéré , elles feront portées à l'affemblée des Députés , qui fe tiendra le premier Lundi de chaque mois , de relevée ,
& à laquelle les quatre Gardes préfideront alternativement; pourront
néanmoins les Gardes & Adjoints , en cas de néceffité , convoquer
des affemblées extraordinaires , dont ils rendront compte au fieur
Lieutenant Général de Police.

<h2 style="text-align:center">X X I.</h2>

L ES délibérations qui feront prifes dans lefdites affemblées ne
feront valables que lorfqu'elles auront été fignées par la moitié au
moins des repréfentans; en cas de négligence de la part des Députés
d'affifter auxdites affemblées , il y fera pourvu par le fieur Lieutenant
Général de Police ; les Gardes & Adjoints feront tenus de veiller
à ce que tout fe paffe dans lefdites affemblées avec l'ordre , la dé-
cence & la tranquillité convenables , & d'en rendre compte au fieur
Lieutenant Général de Police , pour y être par lui pourvu en cas
de trouble.

<h2 style="text-align:center">X X I I.</h2>

I L fera diftribué pour honoraires & droits d'affiftance aux affemblées ordinaires , fçavoir , à chaque Garde & Adjoint deux jetons
d'argent de la valeur de deux livres cinq fols , & à chaque Député
un jeton de pareille valeur; ceux qui ne fe trouveront pas à l'affemblée à l'heure indiquée , ou qui fe retireront avant qu'elle foit finie ,
ainfi que ceux qui ne figneront pas les délibérations qui y auront
été prifes en leur préfence , feront privés defdits jetons , lefquels feront
partagés entre les préfens.

<h2 style="text-align:center">X X I I I.</h2>

L ORSQUE dans des conteftations relatives au commerce du Corps,
il fera queftion de nommer des Arbitres ou des Déguftateurs , foit
par les parties , foit d'office , lefdits Arbitres ou Déguftateurs ne
pourront être pris & nommés , que dans la claffe des Maitres qui
feront ou auront été députés du Corps.

X X I V.

LES Gardes & Adjoints feront tenus de faire, chaque année, une vifite chez tous les Marchands & Veuves de Marchands du Corps, pour veiller à ce qu'il ne fe commette aucune contravention dans l'exercice de leur commerce; les contraventions feront conftatées par un procès-verbal de l'Huiffier dont ils fe feront affifter; les contrevenans feront affignés, à leur requête, à la Chambre de Police, pour y être ftatué ce qu'il appartiendra, & pour indemnifer les Gardes & Adjoints des frais defdites vifites, lefquels feront à leur charge; il leur fera permis de percevoir à leur profit, fur chaque Marchand ou Veuve, un droit de vingt-quatre fols pour la vifite de chaque boutique, de domicile & de cave en ville, & ce fur un rôle qui fera arrêté & déclaré exécutoire par le fieur Lieutenant Général de Police; les Gardes & Adjoints pourront faire des vifites extraordinaires lorfqu'ils le jugeront néceffaire, mais fans qu'ils puiffent percevoir aucun droit pour raifon d'icelle.

X X V.

LES fix Gardes & Adjoints pourront nommer un d'entr'eux, dont ils feront folidairement refponfables, pour faire, pendant leur année d'exercice, la recette des revenus du Corps & des impofitions royales; ledit Receveur fera tenu, chaque jour de bureau, de repréfenter, à fes Collégues, les deniers qu'il aura reçus, & feront lefdits deniers dépofés, fur le champ, dans la caiffe des Gardes & Adjoints fous deux clefs différentes, dont l'une reftera audit Receveur, & l'autre au plus ancien en Maîtrife des cinq autres Gardes & Adjoints, à la déduction néanmoins de la fomme qu'il fera jugé néceffaire de laiffer entre les mains du Receveur pour les affaires courantes; quant aux deniers provenans des reliquats de comptes, ils feront dépofés dans une autre caiffe fous trois clefs différentes, dont l'une reftera au Garde-Receveur, & les deux autres feront remifes aux deux plus anciens en Maîtrife des Députés, & les fonds ne pourront être tirés de cette derniere caiffe , pour être remis aux Gardes & Adjoints , qu'en vertu d'une délibération.

X X V I.

LES Afpirans à la Maîtrife ne pourront être reçus qu'à l'âge de vingt-fix ans accomplis; pourront néanmoins être reçus dès l'âge de vingt ans ceux qui auront fervi comme Garçons de boutique , pendant l'efpace de quatre années au moins, chez les Maîtres de Paris, & qui en juftifieront foit par un brevet paffé devant Notaires , foit par un acte fous feing privé duement contrôlé; à l'égard des fils de Maître de Paris , qui auront fervi comme garçon de boutique , pendant quatre années au moins chez leur pere ou mere depuis la réception à la Maîtrife de l'un d'eux, ils pourront pareillement être reçus à l'âge de vingt ans fans brevet d'apprentiffage.

X X V I I.

LES brevets ou actes d'apprentiffage feront enregiftrés, fans frais, au Bureau du Corps; & le temps de l'apprentiffage ne courra qu'à compter du jour dudit enregiftrement, dont mention fera faite au bas defdits brevets ou actes; lorfque le brevet fe trouvera annullé avant fon expiration, foit du confentement des parties, foit par le décès du Maître, foit enfin par autorité de Juftice, l'apprentif pourra paffer un nouveau brevet avec un autre Maître, pour achever les quatre années d'apprentiffage ; après l'expiration des quatre années, les Maîtres d'apprentiffage feront tenus de certifier, au bas defdits brevets ou actes, qu'ils ont eu leur entiere exécution , fans qu'ils puiffent, fous quelque prétexte que ce foit , faire remife d'aucune portion dudit temps d'apprentiffage, fous peine de cent cinquante livres d'amende.

X X V I I I.

LES Afpirans à la Maîtrife, avant d'être admis, feront tenus de juftifier aux Gardes & Adjoints , de leurs bonnes vie & mœurs, par le témoignage de deux Marchands du Corps , & de deux notables Bourgeois dignes de foi & non fufpects ; après qu'ils auront été agréés , lefdits Gardes & Adjoints feront tenus de les conduire en l'hôtel de notre Procureur au Châtelet , pour y prêter le ferment requis , & il fera diftribué , par lefdits afpirans , à chacun des Gardes & Adjoints, pour leurs honoraires & droits d'affiftance à la réception, deux jetons d'argent de la valeur de quarante - cinq fols chacun. SI DONNONS EN MANDEMENT à nos amés & féaux Confeillers les Gens tenans notre Cour de Parlement à Paris, que ces préfentes ils aient à faire regiftrer , & le contenu en icelles garder & obferver pleinement & paifiblement , ceffant & faifant ceffer tous troubles & empêche-mens , & nonobftant toutes chofes à ce contraires : CAR tel eft notre plaifir ; en témoin de quoi, nous avons fait mettre notre fcel à cef-dites préfentes. DONNÉ à Verfailles le vingt-quatrieme jour du mois de Septembre , l'an de grace mil fept cent foixante dix-neuf, & de notre regne le fixieme. *Signé* LOUIS. *Et plus bas :* Par le Roi, AMELOT. Et fcellées du grand fceau de cire jaune.

Regiftrées , ce confentant le Procureur Général du Roi , pour jouir par les Impétrans de leur effet & contenu , & être exécutées felon leur forme & teneur ; à la charge néanmoins qu'il ne pourra être perçu aucuns jetons , foit pour honoraire de droit d'affiftance aux affemblées ordinaires , foit pour la réception des Afpirans à la Maîtrife , fuivant l'Arrêt de ce jour. A Paris , en Parlement , le fept Septembre mil fept cent quatre-vingt.

Signé YSABEAU.